Ookama Ayumi • Neues ABC vom Krieger des Lichts

Ars Audiendi • im verlag tredition

Neues ABC vom Krieger des Lichts

Ookama Ayumi

© 2022 Ookama Ayumi

ISBN Softcover: 978-3-347-63611-8
ISBN Hardcover: 978-3-347-63612-5
ISBN E-Book: 978-3-347-63613-2
ISBN Großschrift: 978-3-347-63614-9

Druck und Distribution im Auftrag des Autors:
tredition GmbH, Halenreie 40-44,
22359 Hamburg, Deutschland

Das Werk, einschließlich seiner Teile, ist urheberrechtlich geschützt. Für die Inhalte ist der Autor verantwortlich. Jede Verwertung ist ohne seine Zustimmung unzulässig. Die Publikation und Verbreitung erfolgen im Auftrag des Autors, zu erreichen unter: tredition GmbH, Abteilung "Impressumservice", Halenreie 40-44, 22359 Hamburg, Deutschland.

Umschlaggestaltung mit dem tredition-Designer durch Ookama Ayumi, mit Foto der Durga Kali (Messing-Skulptur) aus Privatbesitz

Bilder: privat (siehe Bildnachweis im Anhang)

Den Leuchttürmen
gewidmet.

INHALT

Merkzettel 9
Prolog 11
Das ABC vom Krieger des Lichts 15
Epilog 103

Bildnachweis 105

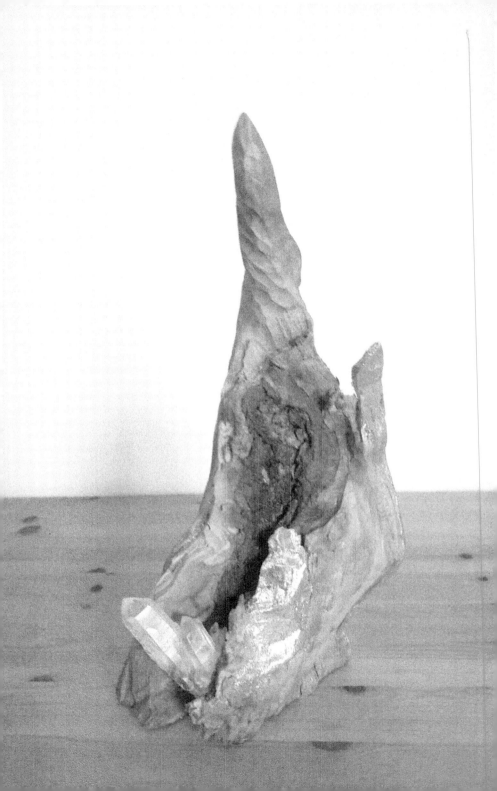

MERKZETTEL

Ohne zu zögern
den Himmel auf die Erde bringen
Das Leben fördern und schützen
Die Seele nähren, ihr Raum geben
Den Geist beglücken und verkörpern
Angst überwinden und auflösen
Sich und dem Leben vertrauen
Die Lebensgesetze erkennen
Sich selbst radikal lieben
Den Körper feiern
Das Heilige achten
Alles wahrnehmen
Lebensfreude entfalten
Sinn finden, Sinn geben
Reinigen, Ordnen, Wandeln
Erleben, Begegnen, Berühren
Selbstbestimmt sinnvoll handeln
Fehlendes finden und integrieren
Auf jegliche Bewertung verzichten
Schädliches ausscheiden und löschen
Regenerieren und Heilkräfte speichern
Unbrauchbare Überzeugungen verlassen

PROLOG

Der Krieger des Lichts weilte nun schon lange auf der Erde, die alljährlich in feinen Wirbeln ihre Bahn um die Sonne zog. Er blieb in seinem Herzen jung; und wer ihn sah, staunte oftmals, denn dieser Mensch zeigte in seinem Gebaren viele Lebensalter.

Er glich einem spielenden Kind; war unverständlich und widerspenstig wie ein Jugendlicher; klar und entschieden wie ein Erwachsener; zurückhaltend und voll gütigem Verstehen wie ein reifer Mensch; und ihn umgab beständig die leuchtende Stimmung eines Weisen. Doch all dies nahmen nur die anderen wahr. Er selbst war einfach nur er selbst und in Frieden mit sich und dem Leben.

Im Laufe seines Lebens fand er immer wieder neu das Bild der läutenden Glocken der im Meer versunkenen Kathedrale. Ja, und so oft konnte er sie hören! Immer wenn er sich für das Einssein öffnete, hörte er sie.

Im Kampf mit dem Gegner, wenn er mit ihm verschmolz und es dem Gleichgewicht überließ, wie der Kampf ausging, hörte er sie summen und klingen.

Beim Blick in die Augen eines Menschen, wenn seine Seele sich mit der anderen verband, hörte er sie läuten.

Sein größtes Glück erwachte völlig unerwartet, als das Wesen der Musik selbst ihn berührte und ihm ihr Geheimnis offenbarte. Der Krieger liebte schon immer Musik, doch er war kein Musiker. Er war ihr Liebhaber.

Wenn er Musik hörte, lauschte er sich tief in sie hinein, so wie er in jungen Jahren das Lauschen auf die Meeresbrandung geübt hatte. Im Innern der Musik fand er Freiheit und Nahrung und Jubel.

Eines Tages entdeckte er eine Musik, in deren tiefem Strömen eine Kathedrale verborgen ruht, aus der wie Glocken der Urklang der QUELLE ertönt. Da erwachte sein Glück, und fortan widmete er dieser Musik sein Leben.

Die Musik lehrte ihn die Harmonie des Kampfes, und sie half ihm dabei, in der Kunst des Liebens zu wachsen. Im Wesen der Musik erkannte er die rätselvolle ewig schöne Frau wieder, der er einst am Strand begegnet war und die sein Leben so beeinflusst hatte. Da erst fiel ihm auf, dass sie in früheren Zeiten "Frau Musica" genannt wurde. Doch die ewig schöne Frau trägt viele Namen und offenbart sich auf vielerlei Wegen.

Eines Tages, es geschah erst kürzlich, sprach sie ihn mit ihrem bezaubernden Lächeln an und sagte: "Nimm das blaue Heft mit den leeren Seiten und schreibe weiter!"

NEUES ABC VOM KRIEGER DES LICHTS

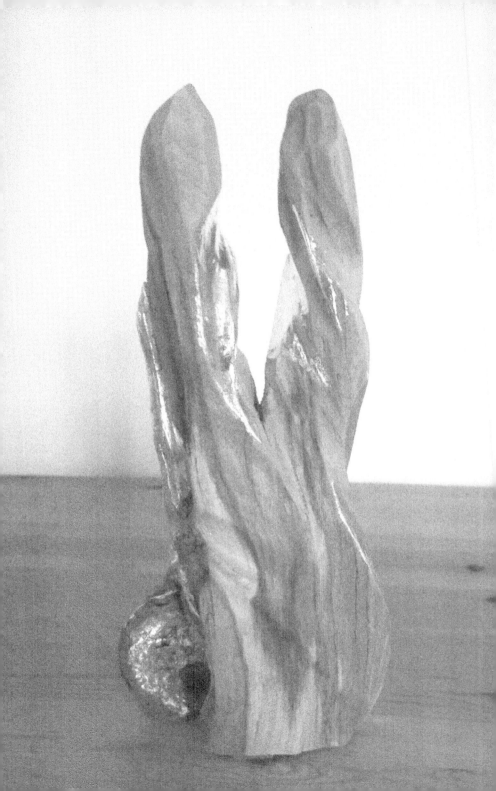

Alltägliche Aufgaben verrichtet der Krieger des Lichts mit Sorgfalt. Er liebt die Gegenstände des profanen Lebens, weil er in ihnen das Wirken und die Anwesenheit der QUELLE erkennt. Die Erde ist ihm heilig, so wie ihm der Himmel heilig ist.

Wenn ihm eine Arbeit lästig erscheint, aber getan werden muss, weil sie dem Leben dient, widmet er ihr seine höchste Aufmerksamkeit. Er macht sie zu seiner Meditation. Dann erkennt er die Schönheit dieser Arbeit, und er erkennt seinen verborgenen Schatten.

Wenn einem etwas lästig erscheint, das getan werden muss, fehlt die innere Übereinstimmung mit dem Leben.

Manchmal kommt dem Krieger des Lichts in der Hingabe an eine lästige Arbeit eine Idee, wie er sie vereinfachen und angenehmer machen kann.

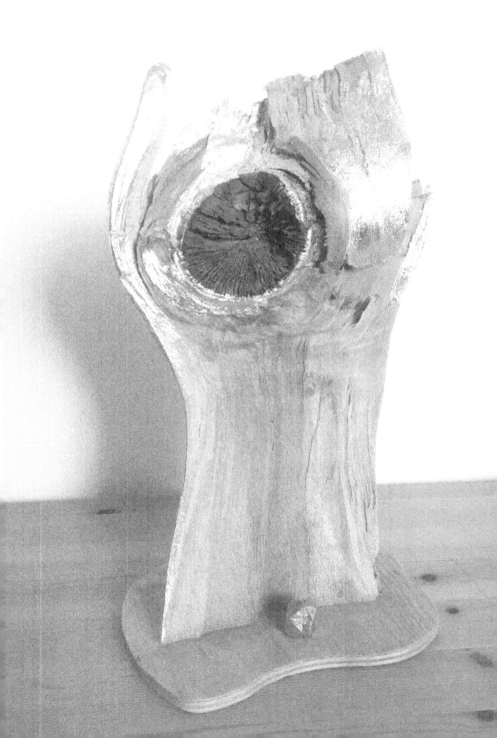

Angesichts der Niedertracht, zu welcher Menschen fähig sind, verlor der Krieger des Lichts zuweilen seine Fassung. Er bemerkte, "fassungslos sein" schwächte ihn genauso wie "Angst haben". Fassungslosigkeit ist ein heimtückischer Gegner. Kommt sie im Gewande der Empörung und des Rechthabens, lässt sie sich leicht überwinden. Doch manchmal ist die Niedertracht so groß, dass er gar nicht anders kann, als fassungslos zu sein.

Jetzt durchschaut der Krieger das tückische Spiel und erkennt das Unlicht am Werk. Das Unlicht ist bodenlos böse; es kann gar nicht anders. Hier fassungslos zu sein ist gefährlich.

Der Krieger beschließt daher, im Angesicht des Unlichts seine Fassung abzulegen und sich grenzenlos weit zu öffnen, ohne in Resonanz mit der Niedertracht zu gehen. Ohne Fassung kann er sie nicht mehr verlieren, bleibt unbegrenzt und bejahend in Allem was ist.

Das ist der bessere Weg.

Angst gründet immer in einem Mangel an Liebe. Die Angst eines Kriegers braucht kriegerische Liebe: Klarheit, Entschlossenheit, Treue, Übereinstimmung mit sich selbst, Zustimmung zu sich selbst in allen Lagen.

Ist eine Lage aussichtslos und die kriegerische Liebe zieht sich zurück, wählt der Krieger des Lichts das Verrücktsein. Dann kann er wieder Ja zu sich selbst sagen.

Ein Krieger des Lichts liebt es, verrückt zu sein. Er ist es ja nur in den Augen der anderen. Für sich selbst wählt er einfach nur einen ungewöhnlichen Weg. Im Verrücktsein erwacht der kindliche Wille, etwas Neues auszuprobieren. Im Verrücktsein bleibt der Krieger sich selber treu, und es taugt selbst für die misslichste Lage.

Im Verrücktsein erstarkt die kriegerische Liebe wieder neu, und sie löscht die Angst.

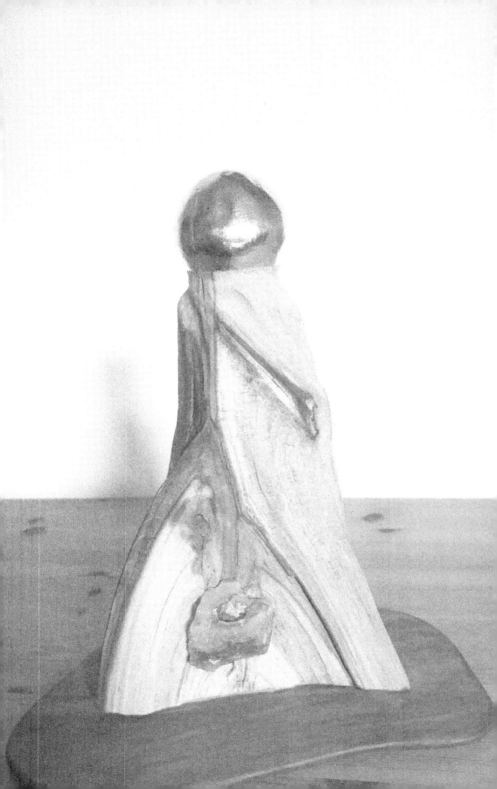

Bemerkt ein Krieger des Lichts, dass er insgeheim einem Menschen etwas Übles wünscht, ist er bestürzt über sich selbst.

Er hält inne und beobachtet seine innersten Regungen, die zu diesem Wunsch führen. Er glättet sie, breitet sie auseinander, betrachtet sie genau. Die dunklen Regungen sortiert er aus und prüft sie nach Herkunft und Berechtigung. Dann wirft er sie auf den Kompost, wo sie zerfallen.

Ein Krieger des Lichts kämpft unablässig wider das Übel, auch in sich selbst.

Begegnet der Krieger des Lichts einem Menschen, der sich überhaupt nicht wie ein Krieger benimmt, obwohl der Krieger in ihm schlummert, dann sagt er zu ihm das Folgende:

"Als Erstes: Komm wieder zur Ruhe. Ein Krieger des Lichts bewahrt die Ruhe in allen Lagen. Dies ist die Voraussetzung für einen klaren Geist. Also, übe es, die Ruhe zu bewahren. Wie das geht? Sei einfach ruhig.

Als Zweites: Verlasse deine Angst. Gib ihr ein sicheres Gemach in deiner Seele. Versprich ihr, dass du dich ihr bei nächster Gelegenheit zuwenden wirst. Doch jetzt gerade passt es nicht, sie ist fehl am Platz. Darum verlasse sie.

Als Drittes: Schärfe dein Schwert. Wenn du nicht weißt, was dein Schwert ist, dann sage «Ich schärfe jetzt mein Schwert», und achte darauf, was sich dir zeigt. Schärfe es sorgfältig und liebevoll. Und reinige und schmücke des Schwertes Scheide, das wird dir gut tun."

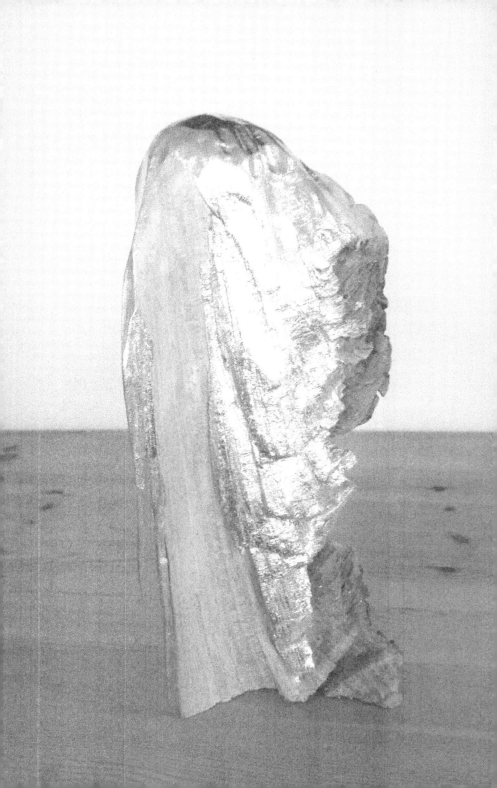

harakteristisch für einen Krieger des Lichts ist die Anwesenheit der Liebe in allem was er tut.

Führt er ein Gespräch unter vier Augen, dann ist die Liebe mit dabei, wie eine dritte Person, wie ein weiteres Augenpaar.

Der Krieger des Lichts achtet im Gespräch beständig darauf, wie die Liebe sich verhält, welche Mine sie zeigt, welche Gebärden sie macht. Verliert er den Kontakt mit ihr, dann unterbricht er das Gespräch unter einem Vorwand, verlässt den Raum und sucht neu seine innere Verbindung mit der Liebe. Dann kehrt er zurück und setzt das Gespräch fort.

Das Neue hängt immer zusammen mit dem Alten. Wenn Neues aus dem Alten hervorkommen will, muss das Alte dabei vergehen und verrotten; so wie die Saatkartoffel in der Erde verwest, um reiche, goldene Frucht zu bringen.

Wenn aber das Alte unbrauchbar geworden ist, muss es erst beiseite geräumt werden, damit das Neue sprießen kann.

Ein Krieger des Lichts erkennt den Unterschied, ob er das Alte nur einfach hinter sich zu lassen braucht, um in das Neue zu gehen, oder ob er das Alte hinwegräumen und entsorgen muss, um dem Neuen Raum zu geben.

Verlassen kann er etwas, das nichts mehr mit ihm zu tun hat. Wandeln muss er das, was mit ihm zu tun hat.

Verlassen oder Wandeln, je nachdem.

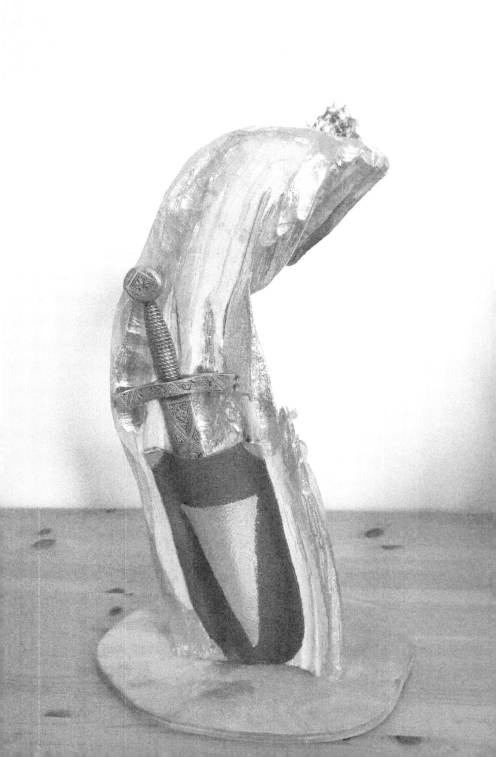

Der Krieger des Lichts sieht sein Leben als einen Weg der Reifung und Entwicklung. Er weiß, der Weg ist erst zu Ende mit seinem letzten Atemzug.

Wie ein spielendes Kind begegnet er jedem Gegner mit Neugier und Offenheit.

Oftmals hält er inne, um die Bewegungen seines Gegners zu beobachten. Seine Gefährten mögen ihn dafür feige nennen, doch er lässt sich davon nicht beirren.

Ohne zu zögern tritt er in den Kampf, wenn es ihm sinnvoll erscheint.

Der Krieger des Lichts kämpft nicht mehr gegen seine eigenen Schatten. Der Gegner muss ihm gewachsen sein.

Ein Krieger des Lichts verbindet Himmel und Erde durch sein wahres Sein. Er vertraut dem Leben, so wie er sich selbst vertraut.

Unermüdlich überprüft er seine Gesinnung und befreit sich von Unbrauchbarem, so wie ein Gärtner Unkraut jätet.

Findet er in sich Angst, so wendet er sich ihr zu und stillt sie mit seiner Liebe.

Findet er in sich falsche Demut, so erwacht seine Strenge. Er bittet die Quelle um Kraft und Erleuchtung, damit er dieses alte Übel auslösche.

Der Krieger des Lichts achtet das Heilige, wo immer es ihm begegnet. Er achtet es nicht aus Furcht, sondern weil er es liebt.

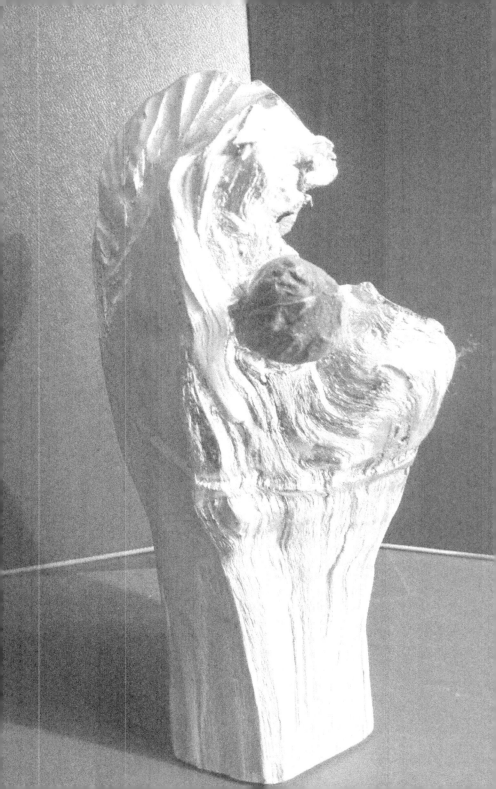

in Krieger des Lichts, wenn er sich in seiner vollen Kraft befindet, zeigt seine Kraft nicht.

Er wendet sein Licht nach innen, um es zu bergen. Dort leuchtet es wie stille Glut.

Auf diese Weise erkennen ihn die Dunkelmächte nicht und greifen ihn weniger an. Denn sie versuchen am liebsten, die besonders hellen Lichter zu verdunkeln.

Braucht der Krieger des Lichts sein Licht, öffnet er ein wenig sein Innerstes.

ür einen Menschen, der sich ihm gegenüber ganz und gar respektlos zeigt, hat ein Krieger des Lichts nichts mehr übrig und er entlässt ihn aus seinem Leben.

Was bleibt, ist die Verbindung auf einer höheren Ebene, die mit dem jetzigen Spiel nichts zu tun hat. Doch in diesem Leben will er mit diesem Menschen nichts mehr zu tun haben. Er ist für ihn kein Fremder, sondern ein Entlassener.

Ein Krieger des Lichts erinnert sich dankbar an Kostbares und Gutes, und er entlässt Wertloses und Übles, sobald er es erkennt.

eben ist eine Kunst. Ein Krieger des Lichts gibt gerne und großzügig, denn er fühlt sich reich. Er wählt beim Geben am liebsten Situationen, in denen der Empfangende sich beschenkt fühlt, weil er nicht damit rechnet. Wahre Geschenke kommen unerwartet.

Ein Krieger des Lichts gibt aus seiner Fülle; er ist wie eine Brunnenschale, die überfließt. Ist seine Schale nicht voll bis zum Rand, gibt er nur dann, wenn er bereit ist, zu opfern.

Da er weiß, dass Opfern ihn schwächt, wendet er sich an die QUELLE, reinigt seinen Zufluss und lässt sich füllen, bis er wieder überfließt.

Seine Großzügigkeit kommt von der QUELLE, nicht von ihm. Sie gibt durch ihn hindurch.

Hat ein Lehrer ihm Gutes beigebracht, liebt ein Krieger des Lichts diesen Lehrer sein ganzes Leben. Er erinnert sich an seine Zeit des Lernens und vergisst nie das Gute, das er von diesem Lehrer empfangen und das ihn weitergebracht hat auf seinem Weg.

Der Schüler geht irgendwann andere Wege als sein Lehrer. Weil er den Lehrer liebt, ist auch sein neuer Weg als Schüler gesegnet.

Die Liebe vom Krieger des Lichts enthält Achtung, Respekt und Ehre, Dankbarkeit und Wertschätzung.

ÖREN ist der wichtigste Sinn für den Krieger des Lichts.

Im Kampf hört er den Atem seines Gegners und erkennt, wenn dieser zu einem ungewöhnlichen Schlag ausholt.

Im Gespräch hört er auf das, was der andere eigentlich mitteilen möchte, und stört sich nicht an den Worten.

In der Musik hört er auf das Wesen, das sich ihm durch sie mitteilt.

Im Lärm hört er auf die Ruhe im Inneren seiner Seele

In der Bewegung hört er auf den Klang, den diese Bewegung erzeugt.

In der Stille hört er auf die Stille.

st der Gegner unsichtbar, weiß ein Krieger des Lichts um die große Gefahr. Er beobachtet, was der Gegner aufs Schlachtfeld schickt, doch er greift nicht ein. Nach und nach wird der Gegner unvorsichtig und beginnt sich zu zeigen.

Ein Krieger des Lichts kämpft nicht mit Gegnern, die sich verbergen und andere ins Feld schicken.

Manche werfen ihm Untätigkeit vor, denn der Kampf ist ja bereits im Gange. Doch das täuscht. Der Krieger des Lichts sucht den Gegner, bis er sich zeigt.

Dann greift er an.

nformationen sind wie das Element Wasser: sie löschen den Durst nach Wissen, stillen ein Verlangen. Doch ab einer gewissen Menge ertränken sie das Lebendige und wandeln den Lebensweg in Sumpfland.

Ein Krieger des Lichts beobachtet genau, was eine Information in ihm auslöst. Schürt sie seine Sorgen, wendet er sich von ihr ab. Erzeugt sie Angst, wirft er sie zum Abfall, der verrottet. Entmutigt sie, löscht er sie aus und aktiviert sein inneres Licht. Schmeckt sie aber köstlich, nimmt er sie auf und beobachtet ihre Nachwirkung.

Es gibt Informationen, die sind wie Flüsse und Ströme, auf denen der Krieger mit seinem Boot weit vorankommt. Es gibt Informationen, die sind wie Hindernisse auf dem Weg, und der Krieger sucht Mittel, sie zu überqueren. Es gibt Informationen, die sind wie glitzernde, klare Bäche, und der Krieger liebt es, an ihren Ufern zu sitzen und still zu werden.

nformationen, die dunkel sind und modrig riechen, beobachtet ein Krieger des Lichts, doch er kostet nicht davon.

Er bemerkt, wie in dem trüb gärenden Stoff neues Leben keimt und verfolgt dessen Auswirkungen auf die Umgebung. Auf diese Weise versteht er den inneren Gehalt und Sinn des Dunklen und Modrigen.

Ein Krieger des Lichts nimmt nur solche Informationen in sich auf, die wie klares, reines Wasser sind, oder wie ein köstliches, vom Menschen gebrautes Getränk. Und er achtet dabei immer auf das rechte Maß der Bekömmlichkeit.

eden Morgen begrüßt der Krieger des Lichts die namenlose UR-QUELLE und seine eigene Seele. Seine Seele begrüßt er mit seinem Vornamen, obwohl sie tausend Namen hat.

Er bittet all seine Helfer um Schutz und Führung; damit erlaubt er ihnen, ihn jederzeit zu unterstützen. Dann prüft er, ob in seinem Inneren das Licht leuchtet. Erkennt er eine dunkle Wolke oder einen Schatten in seinem Inneren, heftet er seine Aufmerksamkeit daran und lässt nicht locker, bis sein Licht das Dunkel weggeschmolzen hat.

Dann greift der Krieger mit beiden Händen in sein höchstes Licht und führt es herab in sein Erdensein.

Jeden Morgen inkarniert der Krieger des Lichts ein wenig mehr aus seinem unendlichen Licht.

eden Tag sucht ein Krieger des Lichts danach, etwas Sinnvolles zu tun. Allein er selbst verleiht dem, was er tut, das Attribut «sinnvoll».

Andere mögen meinen, er spiele nur herum oder mache unnützes Zeug. Für den Krieger des Lichts ist sinnvolles Tun ein Lebenselixier.

Darum hütet er sich davor, zu viel und zu lange die Ansichten anderer Leute anzuhören. Er geht sparsam um mit online-Kongressen, Interviews, dokumentarisch dargestellten Meinungen zum Zeitgeschehen.

Ein Krieger des Lichts pflegt den heiligen Raum seines eigenen Denkens, seiner eigenen Wahrnehmung.

Denen, die meinen, etwas zu sagen zu haben, hört er nur solange zu, wie seine Seele aufmerksam beteiligt ist. Wendet sich seine Seele ab, beendet er sein Interesse.

ann er die Liebe nicht hören, dann hält der Krieger des Lichts inne und lauscht in sich hinein. Das kann mitten in einem Satz sein, und er bricht ihn unvermittelt ab. Das kann mitten im Getümmel eines Kampfes sein, und er entzieht sich geschickt dem Kampf.

Wenn er die Liebe nicht mehr vernimmt, könnte dies ein Warnhinweis sein, dass er vom Weg abgekommen sei.

Manchmal muss der Krieger lange lauschen, um zu vernehmen, was die Liebe sagt. Es ist nicht immer einfach; doch wenn er sie hört, ist es leicht.

Schweigt die Liebe, dann schweigt auch der Krieger des Lichts. Redet sie, dann verleiht er ihr seine Stimme und seine Hand.

Dann spricht er in einfachen, klaren Worten. Dann handelt er besonnen und angemessen.

Kommt es mit jemandem zu einer Aussprache wegen eines Vorfalls, legt der Krieger des Lichts sich keine Worte zurecht. Er bereitet sich darauf vor, indem er sich besonders aufmerksam und innig mit sich selbst verbindet.

Während der Aussprache achtet der Krieger beständig darauf, ob er auch wirklich mit sich und seinem Herzen verbunden ist.

Ein Krieger des Lichts lässt sich zu keiner Aussage verleiten, mit der er nicht übereinstimmt. Er bleibt sich treu und trägt die Konsequenzen.

Sein Herz weiß es besser als sein Verstand, und so folgt er seinem Herzen.

Lieben ist ein Tätigkeitswort, ein Verbum. Ein Krieger des Lichts beschäftigt sich von Zeit zu Zeit mit diesem Wort, um es immer neu zu verstehen. Er fragt sich: "Was tut die Liebe, wenn sie liebt?" Die Antworten sprießen jedesmal neu aus dem Urgrund seines Herzens:

Die Liebe, wenn sie liebt, achtet und respektiert das Wesen des anderen. Sie verhält sich konstruktiv im Gespräch, sie baut auf.

Sie bleibt gelassen und offen, auch wenn spitze Pfeile sie treffen. Wenn sie in ihrer Kraft ist als Liebe, durchqueren die Pfeile ihr Inneres, ohne sie zu verletzen, und fliegen zur anderen Seite wieder hinaus. Spürt sie einen Schmerz, vergibt sie dem Absender der Pfeile, weil sie weiß, dass Schmerz nur eine Illusion ist. Die Liebe ist unverletzlich, wenn sie liebt.

Gestärkt von solchen Gedanken, macht sich der Krieger des Lichts munter an seine alltägliche Arbeit.

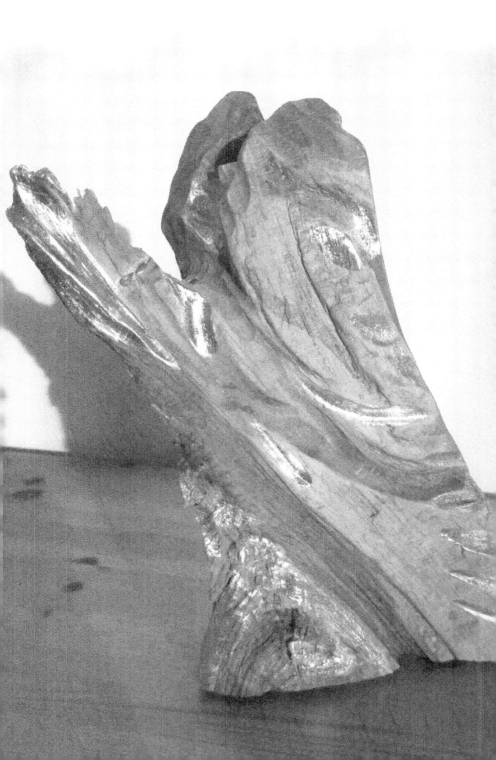

Manchmal, da läuft eine Begegnung schief. Der andere ist erbost oder verärgert. Es war kein Missverständnis, sondern ein echtes Fettnäpfchen, in das der Krieger des Lichts hineintrat. Was tun?

Der Krieger erkennt, er hat eine Prüfung der Liebe nicht bestanden. Als erstes vergibt er sich selbst und sagt: "Du bist auch nur ein Mensch." Dann hält er das Ungelöste in seinem Herzen sanft umschlossen. Er grübelt nicht. Er achtet darauf, was sein Herz mit dem Ungelösten macht, und erkennt sein Fehlverhalten. Er versteht die Reaktion des anderen und erkennt dessen Schwäche.

All dieses Erkennen nimmt er als Ansporn, noch sorgfältiger auf seine Bewegungen und seine Worte zu achten. Er reinigt seine Füße und sammelt wieder eifrig Nektar von den Blüten, die seine Seele nähren. Das Fettnäpfchen überlässt er den Fliegen, die sich darauf stürzen. Er sagt zu sich: "Das war nicht schön, aber hilfreich."

Mit Menschen, die ihn enttäuschen und den gemeinsamen Traum verraten, bleibt ein Krieger des Lichts trotzdem verbunden.

Er sagt zu sich selbst: "Ich habe mich in diesem Menschen getäuscht. Vielleicht hat er eine ganz andere Aufgabe in diesem Leben, die ich nicht sehe." Und er bleibt verbunden.

Die Verbundenheit fühlt sich jetzt etwas nüchterner an - die Nähe wandelte sich zu Abstand -, doch im Lieben bleibt er unerschütterlich. "Es ist möglich, dass dieser Mensch sich doch noch wandelt", sagt er zu sich selbst. Darum bleibt die Türe seines Herzens offen.

Ein Krieger des Lichts respektiert die Entscheidungen und Wege des anderen. Sind es in seinen Augen Irrwege, dann verspürt er einen leisen Schmerz, wenn er an diesen Menschen denkt.

it Gleichgesinnten ist ein Krieger des Lichts am liebsten zusammen. Gleichgesinnte sind seine wahre Familie. Der Krieger weiß, dass sie ihm nicht immer zustimmen. Ja, er schätzt es, wenn sie anderer Meinung sind als er.

Gleichgesinnt ist, wer sein Herz auf die Liebe ausrichtet und wer sich an seine göttliche Herkunft erinnert.

Gleichgesinnt ist, wer seinen Lebensplan aus freiem Willen zu erfüllen sucht.

Gleichgesinnt ist, wer sich dessen bewusst ist, nur eine Rolle im großen Spiel der Schöpfung zu spielen, und diese Rolle nicht allzu ernst nimmt.

So kommt es zuweilen vor, dass sich unter den Gleichgesinnten auch seine Feinde befinden. Ein Krieger des Lichts erkennt sie und öffnet sein Herz für alles, was geschieht.

ur ganz leise tickt eine Uhr, und der Ofen knackt. Es ist Winter geworden und früh dunkel. Die Welt ist in Angst und Ohnmacht. Viele Menschen halten sich an etwas fest, von dem sie glauben, es böte ihnen Halt.

Doch sie erkennen nicht, woran sie sich festhalten. Sie sind blind, weil sie nicht hören. Sie sind taub, weil sie nicht sehen.

Der Krieger des Lichts blickt ruhig in die Welt; sein Mund ist ernst, doch seine Augen lächeln: "JETZT ist die Zeit", denkt er. "Jetzt ist die Zeit der Wandlung. Sie findet statt. Darum bin ich hier."

Und er steht auf und schürt den Ofen, damit es nicht kalt wird bei ihm.

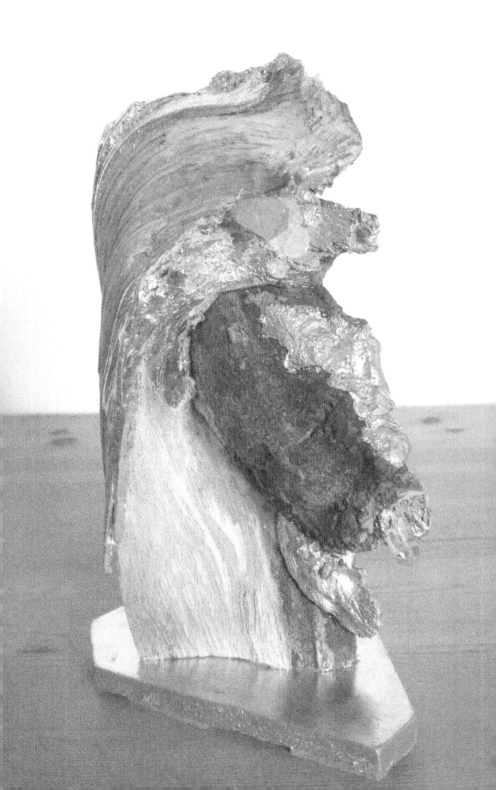

hne Vorwarnung stürzt ein Krieger des Lichts manchmal in tiefste Fragen nach Sein und Sinn. Er ist das gewohnt, darum erschreckt es ihn auch nicht.

Wer weiß vom Unlicht? Wer dient dem Unlicht? Was ist das Unlicht?

Wie tief auch immer ein Mensch dem Unlicht verfällt, er bleibt geborgen in der Schöpfung. In den Augen der Schöpfung gibt es nur Lieben und Noch-nicht-Lieben.

Das Unlicht selbst verlöscht immer mehr, Schritt für Schritt auf dem Weg der Wesen heim zur QUELLE. Die dunkle Flamme des Bösen ist am Verlöschen. Das Böse ist das Noch-nicht-Gute.

Wir sind auf dem Weg, sagt der Krieger des Lichts, und zündet eine Kerze an.

assierte es ihm, dass seine Worte unbedacht hinausflogen, dann hält der Krieger des Lichts sofort inne, notfalls sogar mitten im Satz. Er weiß nur zu gut, dass er kein einziges Wort wieder zurückholen kann, wenn es seinen Mund verlassen hat. So wie er keinen Schlag zurücknehmen kann, den er seinem Gegner zufügte.

Er bittet die Liebe, die Wirkung der unbedachten Worte zu mildern, und wenn möglich, sogar zu wandeln, so dass sie nicht zerstören, was heil bleiben soll.

Ein Krieger des Lichts spricht nur, wenn die Liebe in ihm redet. Seine Sprache ist einfach und klar. Er überprüft gerne, wie das, was er sagt, beim anderen ankommt, was der andere versteht. Darum blickt er dem anderen immer wieder in die Augen, wenn er redet. Sobald er eine Irritation bemerkt, fragt er nach. Solches tut er, weil er der Liebe dient.

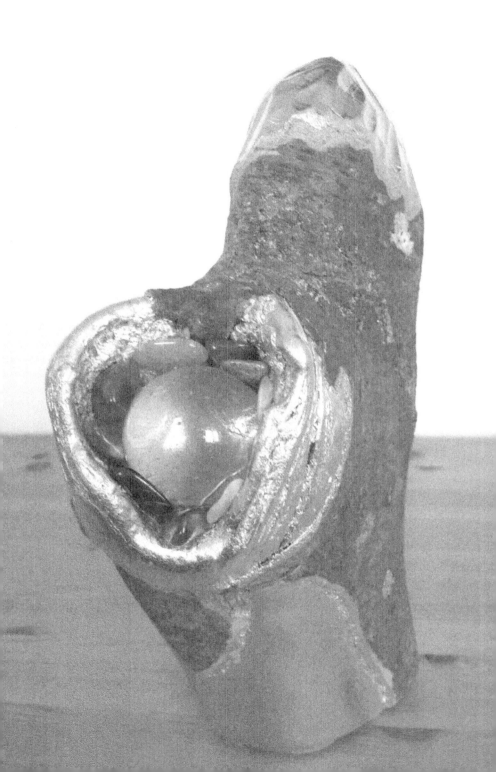

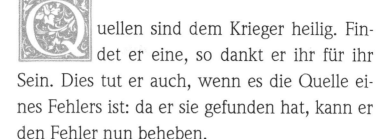uellen sind dem Krieger heilig. Findet er eine, so dankt er ihr für ihr Sein. Dies tut er auch, wenn es die Quelle eines Fehlers ist: da er sie gefunden hat, kann er den Fehler nun beheben.

Und wie staunt er und ist dankbar, findet er die Quelle eines seltsamen Geräusches! Und wie entzückt und dankbar ist er, wenn er die Quelle eines zauberhaften Duftes entdeckt!

Genauso froh ist er, wenn er die Quelle eines üblen Gestankes ausmacht. Nur sein Handeln ist dann anders; der Quelle gegenüber ist er von Herzen dankbar.

In allen Erscheinungen sucht und findet der Krieger des Lichts die Quelle. Sie ist nicht dasselbe wie die Ursache. Die Ursache entspringt der Logik, die Quelle entspringt dem Heiligen.

Ein Krieger des Lichts ist selbst eine Quelle.

uhig und gelassen bleibt der Krieger des Lichts, wenn um ihn herum Verwirrung und Ratlosigkeit tobt. Je größer die Verwirrung, desto ruhiger ist sein Sinn. Und je größer die Ratlosigkeit, desto gelassener seine Wahrheit.

Er beobachtet, nimmt wahr, wie ein Adler aus großer Höhe, der das Ganze sieht und jede Einzelheit erkennt.

Auch wenn er die Situation nicht entwirren, auch wenn er keinen Rat geben kann, fühlt er eine große Stärke und lässt sie verströmen. Sein wichtigstes Augenmerk bleibt darauf gerichtet, in seinem Inneren gelassen zu bleiben.

Wenn es Not tut, handelt er nach seiner Wahrheit.

eine eigene Seele erwählt der Krieger des Lichts zur Braut!
Er braucht viele Kämpfe und geht weite Wege, bis er erkennt: SIE ist sein wahres Licht, das ihn beständig führt.

Anfangs übt er seine Schwertparaden, um ihr zu gefallen. Später übt er Geschicklichkeit und Treffsicherheit, um dem Gegner standzuhalten.
Dann übt er Zauberdinge und Schwertschmieden, einfach weil es ihm Freude macht.

Zum Fest der Vermählung lädt der Krieger alle ein, die kommen wollen; auch seine Gegner. Die Braut verströmt ein solches Licht und solche Anmut, dass alle sich freuen.

Das Fest ist groß, und eines, und ohne Ende.

Schönheit erschaffen ist für den Krieger des Lichts eine Leidenschaft. Sie erfüllt ihn so tief, dass er nicht nur mit seinen Händen, seiner Stimme und seinen Bewegungen, sondern auch mit seinen Augen Schönheit erschafft.

Er blickt die Dinge so an, dass sie ihm schön erscheinen. In seiner eigenen Umgebung geschieht das wie von selbst. Fremde Umgebungen, insbesondere öffentlich gestaltete Räume und Plätze, sind dagegen eine Herausforderung.

Auch das Anblicken der Dinge ist für den Krieger des Lichts eine bewusste Tätigkeit. Indem er mit seinem Hinschauen und Anblicken Schönheit erschafft, befruchtet er die Welt mit dem Keim des Schönen, belebt ihn und bringt ihn zum Sprossen.

Erst ist es nur ein Schimmer, doch dann erblüht die Welt in Schönheit.

Taten kommen nur in Geschichten vor. Ein Krieger des Lichts vollbringt keine Taten. Er tut das, was sein Herz ihm sagt und wonach ihm der Sinn steht.

Wenn er hört, wie die Leute von seinen "Taten" erzählen, lächelt er und staunt über ihren Erfindungsgeist beim Geschichtenerzählen. Taten sind Vergangenheit.

Ein Krieger des Lichts weilt in der Gegenwart und verankert Vergangenes in ihr. Mit dem Licht seiner Gegenwart beleuchtet er seine Vergangenheit und gibt ihr Sinn. Er ist dankbar für das, was war, weil es ihn dahin gebracht hat, wo er jetzt ist.

Manchmal zeigt das Licht ihm einen neuen Sinn in dem, was bereits geschehen ist. Daran erkennt er, dass er sich verändert.

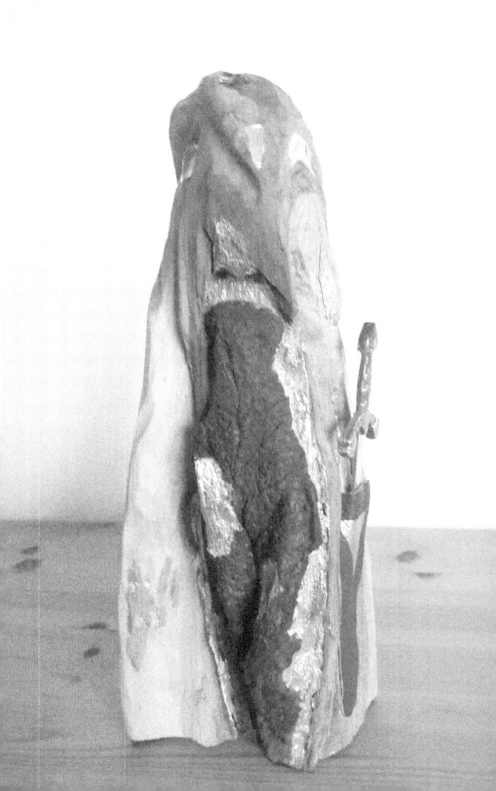

m sich vor den Dunkelmächten zu schützen, öffnet sich der Krieger des Lichts vollständig um dreihundertsechzig Grad. Er weiß, das Unlicht kann dem Licht nichts anhaben. Außerdem scheut es das Licht.

Er öffnet sich vollständig, weil er weiß, das Böse ist das Noch-nicht-Gute. Trifft ihn Böses, so lässt er es durch sich hindurch; es fliegt zur anderen Seite wieder hinaus. Da er dem Dunkel nicht anhaftet, bleibt auch nichts hängen.

Wird er doch einmal verwundet, so weiß er, dass es mit ihm selbst zu tun hat. Er wendet sich der Wunde zu und heilt sie mit seiner Liebe.

So reinigt und klärt der Krieger des Lichts seine Seele und macht sie mehr und mehr unverwundbar.

Von der Liebe hat der Krieger des Lichts die Weisheit. Es ist nicht seine Weisheit, sondern die Weisheit der Liebe. Sein Leben lang hat er der Liebe vertraut und ist ihr gefolgt. Sie allein ist sein eigentlicher Lehrmeister.

Es gab einmal einen Moment in seinem noch jungen Leben, da beschloss er aus tiefem Schmerz heraus, nicht mehr der Liebe zu folgen. Dieser Entschluss währte nur wenige Tage, und sie waren unerträglich für ihn.

Die Liebe gab ihm ein kleines Zeichen, und er erkannte sie sofort. Da machte er seinen Entschluss rückgängig und wusste, dass sein inneres Fundament von nun an unerschütterlich sein wird.

Der Krieger des Lichts liebt die Liebe.

Verbirgt ein Krieger des Lichts sein Strahlen vor den Menschen, dann deshalb, weil er einer von ihnen ist. Er lässt sein Licht leuchten, doch das Strahlen bewahrt er für Situationen, wo es passt und gebraucht wird.

Er weiß, dass allzu helles Licht manchen Menschen Angst macht oder sie erschreckt; und bei anderen ruft es Neid hervor. Und es reizt die Dunkelmächte.

Manchmal verstellt er sich und zeigt sich unsicher, ungeschickt oder schwach - besonders dann, wenn der Gegner ihm undurchschaubar erscheint und listig.

Der Krieger des Lichts erkennt den Moment, wo er handeln muss. Dann zeigt er sein wahres Wesen und besiegt den Gegner im Nu.

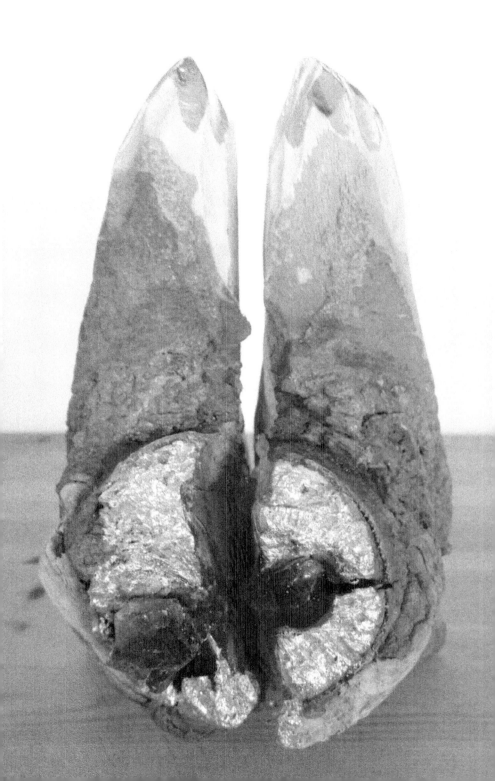

ar ein Krieger des Lichts mit einem Menschen intim, liebt er ihn ein Leben lang. Die Beziehung mag in die Brüche gehen; der andere fügt ihm vielleicht großen Schmerz zu - doch in seinem Herzen hört der Krieger des Lichts niemals auf, diesen Menschen zu lieben.

Dadurch heilen im Laufe der Zeit alle Wunden, und was bleibt, ist die Liebe.

Geliebt haben und lieben ist für den Krieger des Lichts ein und dasselbe.

orin auch immer die Schwierigkeit einer Situation besteht, ein Krieger des Lichts kann sie nur meistern, wenn er genau hinschaut.

Es liegen so viele Aspekte und Dimensionen in einer "Schwierigkeit", das Hinschauen braucht Zeit. Gedankliches Analysieren geht rasch, führt jedoch zu immer neuen Schwierigkeiten.

Darum gibt der Krieger des Lichts die Schwierigkeit in das Mahlwerk seines Herzens, und achtet darauf, was geschieht. Manchmal muss er die Schwierigkeit erst durch ein Sieb schütteln, um grobe Steine und Verunreinigungen auslesen zu können. Die Steine schüttet er in den Weg, um ihn zu befestigen.

Das Mahlwerk seines Herzens arbeitet langsam, und so wird aus der Schwierigkeit ein steter Quell köstlicher Erkenntnis.

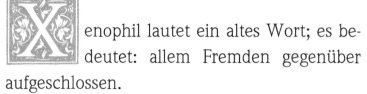enophil lautet ein altes Wort; es bedeutet: allem Fremden gegenüber aufgeschlossen.

Ein Krieger des Lichts ist xenophil. Das Fremde erweitert und bereichert ihn. Im Kern des Fremden findet er das Vertraute; es zeigt sich nur in fremdem Gewand.

In der Fremde bewegt sich ein Krieger langsam, denn er sucht sie zu verstehen. Lange vor dem Verstehen kommt Wahrnehmen und Beobachten. Beobachten ist langsam.

Ein Krieger des Lichts lässt sich auf das Fremde ein, weil er einen reichen Vorrat an Vertrautem in sich weiß und teilen kann.

Doch er kämpft nicht mit einem fremden Schwert. Bleibt ihm nichts anderes übrig, als ein fremdes Schwert zu gebrauchen, dann macht er sich erst mit diesem vertraut. Ein Schwert braucht eine sichere Hand.

Yang ist die Kraft, die ihn aufrichtet, und Yin ist die Kraft, die ihn geschmeidig macht. Ein Krieger des Lichts achtet auf Beides und sucht das Gleichgewicht. Dabei wählt er den Weg des Stärkens.

Ist sein YANG zu stark und treibt ihn zum Übermut, so stärkt er sein YIN und taucht sich in Wasser unter.

Ist sein YIN zu stark und treibt ihn ins Zerfließen, so stärkt er sein YANG und schlägt Pfosten in die Erde.

Den Weg des Schwächens meidet er, weil dieser Bequemheit erzeugt und auch das Gleichgewicht schwächt.

Ein Krieger des Lichts sucht, wo immer es geht, sich zu stärken. So kommt es vor, dass er untätig in der Sonne liegt, während andere sich in die Arbeit stürzen. Er tut dies, um seine Fähigkeit zur Muße zu stärken.

ündet er eine Kerze an, dankt der Krieger des Lichts ihr für ihr Sein. Er betrachtet die brennende Kerze eine zeitlang, und dankt der Dunkelheit für ihr Umhüllen. In die Flamme schaut er gerne und länger als eine Zeit. Warum macht das Einblicken in die Flamme ihn jedes Mal lächeln?

Sein Herz antwortet: "Weil das Du bist! Du bist die Flamme, und die Kerze, und die Dunkelheit! In der Flamme erkennst Du Dich am liebsten."

Da beschließt er, ein neues Wort für seine Feinde zu ersinnen, anstatt "Dunkelmächte". Seine Feinde sind unheilig, doch die Dunkelheit ist heilig. Das neue Wort von dieser jungen Frau, die extra auf die Erde kam, um mitzuhelfen, eignet sich am besten: "Unlicht". Sein Feind ist das *Unlicht*.

Doch selbst die einfachste Kerze ist stärker als das Unlicht, denn sie ist einfach nur Licht, wenn es dunkel ist. Sie weiß nichts vom Unlicht, nur vom Licht.

uweilen trifft ein Krieger des Lichts vertraute Seelenverwandte wieder. Er hört nur den Namen und spürt sofort ein freudiges JA! für diesen Menschen. "Was immer unsere Seelen verbindet, ich bin neugierig auf das, was wir JETZT wohl miteinander zu tun haben", denkt er. Und er öffnet sein weites Herz in noch weitere Dimensionen.

Es gab Zeiten, da wollte er an solchen Wiederbegegnungen festhalten. Doch die Reise auf der Erde eignet sich nicht zum Festhalten.

Festhalten macht das Ewige zu Staub. Wenn ein Krieger eine vetraute Seele wiedererkennt, fühlt er die Freude und lässt sich auf völlig Neues ein, ohne die Erinnerung an frühere Existenzen hineinzumischen.

So erweitert sich der Raum für Seelenverwandte, und es werden immer mehr "Ach, Du bist das!!"

EPILOG

Der Krieger des Lichts ist glücklich darin, so viele Helfer zu haben und über so reiche Gaben zu verfügen.

Die ewig schöne Frau lächelt stumm und nickt ihm zu: "Du siehst, alles hat sich gelohnt, auch das Furchtbare und Schmerzvollste."

So beschließt er, unbeirrbar dem zu folgen, was ihm in diesem bisherigen Leben zu Erkenntnis geworden ist. Da das Leben sich und ihn unentwegt wandelt, wird es wahrscheinlich neue Erkenntnisse geben.

Wir werden sehen, sagt sich der Krieger, und er freut sich auf den Rest seines Erdenlebens.

BILDER
SCULPTURA MAGICA

Ookama Ayumi hat solche Freude an seinen feinstofflichen Helfern, dass er vor einiger Zeit damit begann, ihre in Buchenholz versteckten Gestalten freizulegen. Er entfernt das Überflüssige mit Bildhauereisen und belegt die Lichtflächen mit 24-karätigem Blattgold. Die meisten Skulpturen werden mit Drachenblut behandelt, und viele erhalten Edelsteine, die ihre feinstofflichen Kräfte verstärken. Manchmal entstehen auch Spielereien. Und immer ist Magie mit dabei.

Einige der Skulpturen sind käuflich erwerbbar. Bei Interesse wende dich direkt per Mail an Ookama Ayumi [info@arsaudiendi.net].

Die Fotos der Skulpturen sind alle privat.

Namen der abgebildeten Magischen Helfer

Seite	Name
08	Schatzhüter
16	Tango
18	ICH BIN
20	Schamane
22	Leuchtturm Goldlicht
24	Wächter
26	Himmlischer Freund
28	Das Ziel im Auge
30	König
32	Flammender Leuchtturm
34	Fruchtbringer
36	Geflügelter Leuchtturm
38	Dreifacher Wandler
40	Himmlischer Krieger
42	Golden Healer
44	Leuchtturm mit Schwert
46	Gelassensein
48	Staunen im Spiegel
50	Seraph
52	Spieler aus Aragon
54	Engel der Wandlung
56	Leuchtturm

58	Annäherung
60	Ypsilon-Wandler
62	Ypsilon-Wandler
64	Erster Schwertträger
66	Geflügelter Leuchtturm
68	Raumheiler
70	Ypsilon-Aufrichter
72	Cheiron
74	Gelassensein
76	Tango
78	Ypsilon-Wandler
80	Dunkelwandler
82	Dunkelwandler
84	Engel der Verkündigung
86	Ypsilon-Aufrichter
88	Zwillinge
90	Himmlischer Krieger
92	Raumheiler
94	Cheiron
96	Flammender Leuchtturm
98	Skybuster
101	Durga Kali (Messingskulptur Indien)
104	Kleine Ausstellung